SESAME STREET

AGRADECER
con Gabrielle

Un libro sobre la gratitud

Marie-Therese Miller

ediciones Lerner ◆ Mineápolis

La misión de Sesame Street siempre ha sido enseñarles a los niños mucho más que solo el abecedario y los números. Esta serie de libros que promueven rasgos de la personalidad positivos como la conciencia plena, la gratitud, la autoconfianza y la responsabilidad ayudarán a los niños a crecer y convertirse en la mejor versión de ellos mismos. Por eso acompaña a tus amigos divertidos y peludos de Sesame Street mientras aprenden a ser más inteligentes, más fuertes y más amables y le enseñan a serlo a todo el mundo.

Saludos. Los editores de Sesame Street

CONTENIDO

¿Qué es la gratitud?	**4**
Demostrar gratitud	**6**
¡Ser un amigo!	21
Glosario	22
Otros títulos	23
Índice	23

¿Qué es la gratitud?

Agradecer es expresar gratitud.

Demostrar gratitud

Agradecemos por nuestras familias.

Yo agradezco por mi papá. Me alienta cuando juego al fútbol.

Nos aman y nos cuidan.

Agradecemos tener amigos.

¡Es divertido jugar juntos!

¿Por quién agradeces tú?

Agradecemos por las personas que son útiles ayudando en nuestra comunidad.

Yo agradezco por mi bibliotecario. ¡Me ayuda a encontrar buenos libros para leer!

Los bomberos nos mantienen seguros. Los médicos y enfermeros nos ayudan a sentirnos mejor.

Agradecemos por los días soleados.

¿Cuál es tu actividad favorita en un día soleado?

Es divertido columpiarse y trepar en las barras de mono.

Agradecemos por los días lluviosos también.

Yo agradezco por la lluvia. ¡Ayuda a que mis flores crezcan!

Podemos chapotear en los charcos. ¡A veces vemos un arcoíris!

Agradecemos por nuestra comida.

El brócoli crujiente y las bananas tienen un gusto delicioso.

Mi mamá y yo agradecemos por las zanahorias que cultivamos en nuestra huerta.

Agradecemos por los momentos tranquilos.

Escuchar un cuento a la hora de ir a dormir o abrazar un oso de peluche nos ayuda a sentirnos tranquilos.

¿Qué haces tú durante tu momento tranquilo?

¡SER UN AMIGO!

¿A quién le agradeces por estar en tu vida? Haz un dibujo de algo divertido que hacen juntos. Regálale el dibujo a esa persona como forma de agradecimiento.

Glosario

bomberos: personas que están entrenadas para apagar incendios

comunidad: un grupo de personas que vive en un área determinada

delicioso: cuando algo tiene buen gusto

gratitud: estar agradecido o agradecida

Otros títulos

Miller, Marie-Therese. *Aprecio con Beto y Enrique: Un libro sobre la empatía*. Mineápolis: ediciones Lerner, 2024.

Riehecky, Janet. *Thank You*. Mankato, MN: Child's World, 2022.

Shulman, Naomi. *Give Thanks: You Can Reach Out and Spread Joy*! North Adams, MA: Storey, 2021.

Índice

amigos, 8

comida, 16

comunidad, 10

familias, 6

hora de ir a dormir, 19

personas que son útiles ayudando, 10

Créditos por las fotografías

Créditos de las imágenes: jacoblund/iStock/Getty Images, p. 4; Jose Luis Pelaez Inc/DigitalVision/Getty Images, pp. 5, 7; kali9/E+/Getty Images, p. 6; Ariel Skelley/DigitalVision/Getty Images, p. 8; JW LTD/Stone/Getty Images, p. 9; Adene Sanchez/E+/Getty Images, p. 10; SDI Productions/E+/Getty Images, p. 11; Tang Ming Tung/Stone/Getty Images, p. 12; Nitat Termmee/Moment/Getty Images, p. 13; NickyLloyd/E+/Getty Images, p. 14; ArtMarie/E+/Getty Images, p. 15; RyanJLane/E+/Getty Images, p. 16; JGI/Jamie Grill/Tetra images/Getty Images, p. 18; PeopleImages/iStock/Getty Images, p. 19; Jasper Cole/Tetra images/Getty Images, p. 20.

Agradezco por John, Meghan, John Vincent, Erin, Elizabeth, Michelle y Greyson

Traducción al español: ® and © 2025 Sesame Workshop. Todos los derechos reservados.
Título original: *Being Thankful with Gabrielle*
Texto: ® and © 2024 Sesame Workshop. Todos los derechos reservados.
La traducción al español fue realizada por Zab Translation.

Todos los derechos reservados. Protegido por las leyes internacionales de derecho de autor. Se prohíbe la reproducción, el almacenamiento en sistemas de recuperación de información y la transmisión de este libro, ya sea de manera total o parcial, por cualquier medio o procedimiento, ya sea electrónico, mecánico, de fotocopiado, de grabación o de otro tipo, sin la previa autorización por escrito de Lerner Publishing Group, Inc., exceptuando la inclusión de citas breves en una reseña con reconocimiento de la fuente.

ediciones Lerner
Una división de Lerner Publishing Group, Inc.
241 First Avenue North
Mineápolis, MN 55401, EE. UU.

Si desea averiguar acerca de niveles de lectura y para obtener más información, favor consultar este título en www.lernerbooks.com.

Fuente del texto del cuerpo principal: Billy Infant. Fuente proporcionada por SparkyType.

Library of Congress Cataloging-in-Publication Data

Names: Miller, Marie-Therese, author.
Title: Agradecer con Gabrielle : un libro sobre la gratitud / Marie-Therese Miller.
Other titles: Being thankful with Gabrielle. Spanish
Description: Mineápolis : Ediciones Lerner, 2024. | Series: Guías de personajes de Sesame Street ® en Español | Includes bibliographical references and index. | Audience: Ages 4-8 | Audience: Grades K-1 | Summary: "Young readers learn about gratitude with help from their friends at Sesame Street. From sunny days to time spent with friends and family, there is a lot to be thankful for every day. Now in Spanish!"—Provided by publisher.
Identifiers: LCCN 2023052604 (print) | LCCN 2023052605 (ebook) | ISBN 9798765623879 (library binding) | ISBN 9798765627877 (paperback) | ISBN 9798765630709 (epub)
Subjects: LCSH: Gratitude in children—Juvenile literature. | Gratitude—Juvenile literature.
Classification: LCC BF575.G68 M5518 2024 (print) | LCC BF575.G68 (ebook) | DDC 179/.9—dc23/eng/20231129

LC record available at https://lccn.loc.gov/2023052604
LC ebook record available at https://lccn.loc.gov/2023052605

Fabricado en los Estados Unidos de América
1-1010116-51837-11/16/2023